LA
LANGUE ET LA LITTÉRATURE

DU ROYAUME THAI

OU DE SIAM,

PAR M. ÉTIENNE-GALLOIS.

PARIS

CHEZ CHALLAMEL, RUE BELLECHASSE

VITRY-LE-FRANÇOIS

Librairie de l'*Echo de la Marne*, grande rue de Vaux, 25

1874

LA LANGUE ET LA LITTÉRATURE

DU ROYAUME THAI

OU DE SIAM.

Il y a dans la nature humaine des tendances plus
ou moins impérieuses à l'excentricité, des aspirations
plus ou moins vagues, mais réelles, vers des horizons
éloignés et mystérieux, quelles que soient les condi-
tions de notre vie. Les gens les plus sédentaires par la
profession sont souvent les plus vagabonds par la pensée. Le milieu où le sort les a fixés ne leur suffit point ;
plus ils y sont attachés par ses exigences, plus ils ai-
ment à se transporter idéalement dans des régions
lointaines, et parfois, pour y séjourner plus longtemps,
à en étudier l'histoire, la langue, la civilisation. En li-
sant et relisant l'histoire de Louis XIV, qui nous a toujours particulièrement retenu, parce que ce règne nous
a toujours semblé le point culminant de la grandeur
humaine sous ses principaux aspects, notre attention
s'est arrêtée spécialement sur un épisode peu connu et,
selon nous, mal apprécié, du règne du grand roi, et
nous avons essayé de l'élucider. — La plupart des his-
toriens, Voltaire en tête, ont prétendu que l'ambassade
de Siam, qui fut un des plus curieux spectacles de la

cour à cette époque, et ce qui la suivit, n'avaient été qu'une fantasmagorie destinée à flatter la vanité d'un prince blasé sur les spectacles et les triomphes européens. Nous avons voulu serrer de plus près cette assertion, qui nous paraissait discutable, et, dans une publication spéciale, nous avons cherché à établir sa véritable valeur. Une de nos gloires de la Champagne, le plus grand ministre d'un grand règne, Colbert avait pris l'affaire au sérieux ; c'en était assez pour que nous l'y prissions nous-même historiquement. Colbert avait patronné une tentative d'établissement dans ce lointain pays ; il y avait envoyé des soldats, des munitions, pour en fortifier les principales villes. Favorisés par un aventurier européen, nommé Constance Phaulkon, tout-puissant sur l'esprit du roi de Siam, les Français pouvaient se promettre dans cette contrée une station importante, et par suite une influence rivale de celle des Hollandais, qui étaient alors prépondérants en Asie. Ce sont les péripéties de cette tentative qu'il nous a plu de raconter ailleurs, pour essayer de prouver que, Colbert s'y étant intéressé, ce ne pouvait être une comédie, mais quelque chose de sérieux, de positif, de digne du plus illustre règne de la France.

Cette mine épuisée, et nous voyant transporté par une première étude dans cette région orientale, il nous a agréé d'y faire un plus long séjour. Après avoir cueilli le fruit qui nous tentait dans l'histoire du Siam, nous en avons cherché un autre dans sa langue. Ce royaume est le plus important de l'Indochine. Il touche à notre précieuse colonie cochinchinoise. L'Angleterre, attentive et jalouse de nos progrès, le caresse et l'influence par tous les moyens qui l'ont rendue si puissante en Asie. Plus que nous, elle s'est assimilé sa langue ; elle sait que la langue est la meilleure clef d'un pays. Un saint et savant évêque (1), zélé pour les intérêts de la France, sa patrie, et pour la vulgarisation de l'idiome siamois, a laissé, entr'autres produits de sa belle carrière, un dictionnaire siamois-français-anglais. Depuis longtemps nous travaillons, dans la mesure de nos moyens et de nos faibles ressources, à un dictionnaire français-siamois, fort avancé à l'heure qu'il est, et qui, sans être aussi savant que l'in-folio de Mgr Pallegoix, offrira peut-être, sous le format que nous lui destinons, quelque utilité pratique à nos compatriotes. L'aperçu que nous présentons ici de la langue et de la littérature de cette région considérable de l'extrême Orient doit servir de frontispice à ce dictionnaire, qui profitera des justes observations dont cet aperçu aura pu devenir l'objet.

(1) Mgr Pallegoix, évêque de Mallos, vicaire apostolique de Siam.

La Langue et la Littérature du Royaume

Thaï ou de Siam.

————

Lorsqu'en 1686 les premiers ambassadeurs siamois envoyés à Louis XIV, en visitant l'Imprimerie royale, s'écriaient avec admiration devant Mabre-Cramoisy, l'habile directeur de l'établissement à cette époque : « O France, France, on » trouve tout chez toi et tu peux te passer des autres » pays, » ils étaient loin sans doute de prévoir que, moins de deux siècles après, dans un dictionnaire dont les imperfections ne peuvent faire méconnaître l'utilité ni la belle exécution typographique, l'imprimerie qu'ils admiraient mettrait en lumière, aussi bien pour leur pays que pour la France, les caractères de l'alphabet et les mots de leur idiome national, qu'ils regardaient assurément comme aussi peu accessible aux Européens que leur pays lui-même. Au collége Louis-le-Grand, visité par eux également, ils avaient dû entendre, il est vrai, vingt-quatre harangues, débitées en autant de langues différentes, que se plaît à énumérer le *Mercure galant* de l'année 1686, et parmi lesquelles on peut croire que le siamois n'avait point été omis. Mais ils pouvaient penser que l'étude de leur langue était toute de circonstance. Pour vivre dans le souvenir de la ville et de la cour, ils comptaient davantage sans doute sur les splendides présents qu'ils avaient apportés, de la part de leur roi Phra Narai, au souverain français dont la gloire pompeuse avait ému l'extrême Orient.

Que sont devenus ces présents? Ils ont disparu avec la cause qui en avait déterminé l'envoi. Cependant cette cause se liait à un grand intérêt français ; il ne s'agissait pas de moins, dans notre intention, que de substituer, en ces parages lointains, notre prépondérance à celle des Hollandais, qui s'y étaient rendus tout puissants. Un aventurier grec, Constance Phaulkon, dont le nom demeurera indissolublement attaché au souvenir de cette entreprise, avait su attirer les Français à Siam, en intéressant tout ensemble l'ambition de Louis XIV, le prosélytisme religieux du roi très-chrétien et son désir d'abaisser la puissance hollandaise. On était au lendemain de la révocation de l'édit de Nantes, et Louis XIV n'espérait pas moins que convertir à la foi catholique un roi et tout un peuple payens. Des missionnaires, des soldats, des ambassadeurs, des présents, furent envoyés à Siam. Constance livra aux Français les deux plus fortes places du royaume. Notre influence, sinon notre domination, semblait devoir être bientôt assurée dans ce pays, et une concurrence redoutable préparée aux Hollandais dans l'Inde, où ils tenaient la place qu'y prirent après eux les Anglais. A Siam, une révolution survint, qui, du même coup, renversa le roi, son favori, et avec eux toutes nos espérances. Les Français furent obligés, après avoir vu périr bon nombre des leurs, de quitter un pays où ils s'étaient établis presque en conquérants, et les plus beaux présents de Louis XIV, envoyés par le nouveau roi de Siam au commandant de la colonie hollandaise à Batavia, servirent à former avec cette nation de négociants une alliance moins dangereuse pour la nationalité siamoise que l'alliance française à cette époque ; car elle n'avait que le commerce pour objet. De cette lointaine entreprise, qui voilait d'importants intérêts, puisque Colbert lui avait accordé son patronage, il ne reste guère, aujourd'hui, et un peu à tort, que l'impression d'une folle et coûteuse aventure. Tels furent les débuts, longtemps ignorés ou contestés ou dénaturés, et maintenant hors de doute, de la France à Siam. Il y a deux siècles, c'était un pays presque inconnu à l'Europe ; personne aujourd'hui n'oserait avouer qu'il l'ignore, encore moins chercher à se faire un mérite de cette ignorance.

I.

Le Pali-Siamois.

Tout le fruit de la tentative de Louis XIV ne fut pas perdu. S'il avait fallu renoncer aux avantages politiques et commerciaux qu'on s'en était promis, une connaissance plus exacte du pays en était résultée ; d'utiles notions sur les mœurs et la langue de Siam en avaient été rapportées, qui se trouvèrent bientôt consignées dans plusieurs publications, notamment dans celle de M. de La Loubère, l'un des derniers envoyés de Louis XIV à la cour siamoise. Le livre de La Loubère a été une véritable révélation, quant à la langue ordinaire du pays et surtout à sa langue sacrée, le pali-siamois. La *Relation de Siam* (1) ne fut pas

(1) Tel est le titre de l'ouvrage de M. de La Loubère.

suffisamment appréciée des contemporains, du moins
la partie qui se rapporte au langage siamois; mais l'attention et l'estime s'y sont portées ensuite de plus en plus,
à mesure que l'étude du pali, cette langue sacrée de
l'Inde transgangétique, a fait des progrès en Europe.
Beaucoup des assertions de La Loubère ont été victorieusement réfutées; mais beaucoup aussi sont sorties à leur
avantage des controverses auxquelles de célèbres linguistes les avaient soumises tour-à-tour; et, après plus d'un
siècle et demi, notre illustre compatriote Eug. Burnouf,
et Chr. Lassen, ont déclaré, au grand honneur de La
Loubère, dans leur *Essai sur le Pali*, qu'il faudra encore
longtemps louer l'attention consciencieuse et l'exactitude
de l'auteur de cette excellente relation, « le premier que
nous sachions, ajoutent-ils, qui ait parlé du pali. » Ils
ne manquent pas de reproduire les tableaux sur l'alphabet pali, qui accompagnent sa *Relation*. L'examen de cet
alphabet, comparé avec les manuscrits siamois de la
Bibliothèque nationale, l'étude judicieuse des assertions
présentées par La Loubère, la connaissance qu'ils avaient
acquise du pali-birman et d'autres dialectes, amènent
Eug. Burnouf et son collaborateur à des conclusions dont
rien depuis n'a infirmé la valeur, à savoir : que le pali
est dérivé du sanscrit ; que, comparé avec les autres
dialectes ayant la même origine, il se rapproche infiniment plus qu'aucun autre, de cette souche commune;
qu'il règne comme langue savante dans l'île de Ceylan et
chez les peuples bouddhistes de la presqu'île au-delà du
Gange, c'est-à-dire, d'Ava, d'Arakan, de l'empire birman,
du Pégu, du Siam, du Laô; que son sort paraît attaché à
celui d'une religion célèbre qui a parcouru toute l'Asie ;
enfin que cette langue est la même à Siam, au Pégu,

dans l'Ava et jusqu'à Ceylan. Les mêmes auteurs ne peuvent s'empêcher d'admirer la faculté instinctive de La Loubère, en mentionnant ses efforts pour trouver des analogies entre le pali et les autres idiomes de l'Inde, particulièrement le devanagari, que Kircher avait consigné dans sa *Chine illustrée*, et tout en n'admettant de ses assertions que ce qu'ils en pouvaient admettre par suite des lumières qu'ils avaient acquises. Ainsi, à La Loubère reviendrait l'honneur d'avoir révélé le pali à l'Europe savante, et ouvert la voie aux études ultérieures sur cet idiome important. Il a été le guide principal d'Eug. Burnouf et de Chr. Lassen dans leurs fructueuses investigations sur le pali. Les lumières qu'il n'a pu leur fournir complètes sur celui de Siam, ils les ont trouvées, il est vrai, dans les beaux manuscrits de la Bibliothèque nationale, qu'ils ont explorés avec l'attention la plus scrupuleuse, et dont leur rare perspicacité a su tirer tout le fruit que leur offraient ces précieux documents (1); mais l'on peut présumer que, sans cette double ressource sur le pali, ils n'auraient point donné le jour à leur *Essai*, ou que, s'ils l'avaient produit nonobstant, ils n'en n'auraient point fait jaillir autant de lumière pour l'étude de la langue sacrée de la presqu'île transgangétique.

Suivant Leyden (2), l'alphabet pali semble dériver du devanagari, malgré une grande différence de forme et une modification sensible de la valeur des caractères, produite par la prononciation monosyllabique des nations indochinoises. Les voyelles, généralement disposées comme dans le devanagari, sont au nombre de dix-huit, et leur prononciation est plus rigoureusement observée par

(1) Ces manuscrits ont été envoyés à la Bibliothèque par des missionnaires français à une époque demeurée inconnue.

(2) Asiat. researches, t. 3.

les Thais que par les Birmans et les habitants de l'Arakan, qui, selon le même auteur, dont l'opinion est partagée par Eug. Burnouf et Chr. Lassen, ont un langage moins accentué et moins monosyllabique que celui des Thais.

La forme des caractères palis varie suivant les nations chez lesquelles on rencontre cet idiome : carrés chez les Birmans, ils affectent la forme angulaire chez les Thais, qui les nomment *Khom* ou *Khomen*, du nom du peuple dont ils l'auraient reçu, suivant la tradition, c'est-à-dire, du peuple *Kam-bou-tchat*, ou cambodjien.

Il paraît constant à Leyden que l'alphabet de La Loubère, malgré ses inexactitudes, est le véritable alphabet pali des Siamois et celui qu'il a trouvé en usage chez les talapoins de la race thaie.

Eug. Burnouf et son collaborateur regardent le pali comme transplanté tout entier de l'Inde dans les diverses contrées de la presqu'île transgangétique, où il est resté à l'état de langue morte et sans dialectes proprement dits. Ce n'est pas, suivant eux, que le pali parlé par un Siamois soit très-intelligible à l'oreille d'un Birman : « Quand un » Siamois lit ses livres sacrés, disent-ils, il doit donner à cha- » cun des mots ces nuances délicates de prononciation qu'il » a reçues de sa langue maternelle. Ce genre d'altéra- » tion est même si familier à ce peuple, que les manus- » crits en portent des traces ». Et ils ajoutent que, bien que le siamois soit complètement inintelligible pour eux, cependant, la connaissance des caractères, dérivés immé- diatement, selon eux, de l'alphabet pali, leur a permis de lire un certain nombre de mots palis transcrits suivant la méthode d'accentuation et de prononciation siamoises, sur un ouvrage siamois, entremêlé de pali, en mêmes ca-

ractères que le *Phâtimokkha*, l'un des manuscrits siamois que possède la Bibliothèque nationale (1).

En résumant les inductions qu'ils se croient autorisés
à tirer de leurs recherches, les auteurs de l'*Essai* disent
qu'ils ont déchiffré et publié trois alphabets palis, assez
complètement pour rendre possible la lecture des manuscrits palis du Siam et du Birman, et qu'après avoir
comparé ces alphabets avec huit autres de l'Inde, du
Tibet, de Java et de Ceylan, ils ont été amenés à conclure
que les alphabets palis dérivent d'un ancien alphabet
bouddhique, dont le type serait le devanagari (2), et qui
avait pris les formes du pali actuel en passant dans les
îles et dans l'Inde ultérieure. Leur travail se termine,
comme on sait, par une notice détaillée sur les manuscrits pali-siamois de la Bibliothèque nationale, et par des
fac-simile qui ne sont pas sans intérêt pour l'étude de
la langue thaie. Sur l'un d'eux en effet on reconnaît les
signes *b* et *l*, qui donnent aux consonnes qu'ils pré-
cèdent les sons *ai* et *ô*, et dont l'office est le même dans
le thai d'aujourd'hui. Ce sont encore le signe ⊲ , qui,
placé au-dessus d'une lettre consonne, la fait prononcer,
dans le thai d'aujourd'hui, de même qu'elle l'est dans
le pali, comme si elle était suivie d'un i ; le signe *p* ,

(1) « Le *Palimauk* (*Phâtimokkha*) est, à proprement parler, le manuel
» de l'ordre des talapoins et le *vade mecum* de chaque membre. Tous
» sont obligés de l'étudier avec soin, et quelques-uns sont tellement assi-
» dus à ce devoir, qu'ils peuvent réciter par cœur tout le contenu du livre,
» qui est un abrégé du *Wini* ou *Livre des écritures*. » (Mgr Bigandet,
évêque de Kamatha, *Mém. sur les Phongies ou Talapoins. Revue de
l'Orient*, 4e série, t. 1er, 1865).

(2) Prinseps a démontré la similitude existant entre cet alphabet, qui
est l'alphabet indien modernisé, et l'ancien alphabet phénicien, en s'ap-
puyant sur la découverte des inscriptions bouddhiques du roi Açoka.
Journal de la Société asiat. du Bengale, 1837, t. 6. — Suivant G. Turnour et Spence Hardy, l'alphabet singhalais (de Ceylan) est calqué sur l'alphabet devanagari ; l'ordre et le nombre des lettres y sont les mêmes ;
la forme seule est différente.

qui, placé sous une consonne, le fait sonner *u* ; et celui
o , qui, modifié ainsi *o—*dans le thai, fait sonner *a* la
consonne qu'il surmonte. Ce sont-là des signes essentiels
dans la langue thaie, aussi bien que dans le pali, et don-
nant aux consonnes qu'ils accompagnent les mêmes sons
dans l'un et dans l'autre de ces idiomes.

II.

La Langue thaie.

I.

Si l'on admet comme définitif le système de classifi-
cation des langues en trois groupes, qui est proposé par
Max Muller, le thai aurait la première place, sous le nom
de *langue taïenne*, dans le groupe qu'il nomme *touranien*, lequel ne comprendrait pas moins de cent vingt
idiomes. La langue « taïenne » se diviserait, d'après ce
système, en cinq dialectes, ceux du Siam proprement dit,
d'Ahom, de Laos, de Khamti et de Shan (Tenasserim).
Suivant Max Muller et d'autres savants linguistes, tels que
Bunsen, J. Grimm et Pott, toutes les langues ont com-
mencé par la forme monosyllabique. Les unes ont conservé cet état primitif, comme le chinois ; dans cet état
les racines sont des mots et les mots des racines. Dans
d'autres langues, plus perfectionnées, les mots se composent de deux ou de plusieurs racines, qui peuvent perdre
leur physionomie au point de devenir méconnaissables ;

c'est, d'après Max Muller, l'état infléchi et organique, ou aussi d'amalgame. Entre ces deux groupes s'en place un troisième, composé des langues où plusieurs racines s'unissent pour former des mots, de telle sorte toutefois qu'une de ces racines demeure immuable. C'est un intermédiaire entre l'état purement radical et l'état inflexionnel, une espèce de transition du chinois, pris comme type de langue monosyllabique, aux langues ariennes ou aux langues sémitiques. Selon Max Muller, le thai serait un des nombreux rameaux des langues parlées par tous les nomades du nord de l'Asie, les Tongouses, les Mongols, les Turcs et les Tartares, les Samoyèdes, les Tibétains, portées par la conquête ou l'émigration dans le sud de l'Inde, dans le Siam et la Polynésie par le tamoul et les dialectes du Dékhan, et représentées jusque dans notre Europe par ceux de la Bulgarie, de la Hongrie et de la Finlande.

Cet ensemble des langues touraniennes, plutôt groupe que famille, présenterait des caractères différents de ceux qui unissent les langues de la famille européenne ou de la famille sémitique.

On a dit que le chinois n'avait pas de grammaire, à proprement parler, et ne pouvait guère en avoir, les mots y étant demeurés à l'état de racines et recevant de la situation qu'ils occupent dans la phrase les diverses modifications de leur sens. A ce point de vue, la langue thaie ne comporterait pas plus de grammaire que le chinois, auquel elle a été assimilée comme langue monosyllabique. Mais le monosyllabisme complet n'existe pas plus dans l'un que dans l'autre de ces idiomes. Ainsi que l'a démontré Abel Rémusat, les mots composés abondent dans le chinois, et la *Grammaire mandarine* de M. Bazin

prouve que, si leur agglutination n'altère en aucune fa-
çon leur forme essentielle ni leur valeur phonětique,
l'unité de l'accent tonique leur imprime cependant un tel
degré de fusion, qu'ils apparaissent presque comme le
font les polysyllabes dans les langues indo-européennes.

L'examen un peu attentif de la langue thaie, dans le
Dictionnaire de Mgr Pallegoix (1), nous fait assister en
quelque sorte au travail d'agglutination qu'elle subit
maintenant, et justifie la place que Max Muller a cru devoir lui assigner. Dans un assez grand nombre de mots
composés, les différentes parties destinées à en former
l'ensemble définitif, y sont présentées tantôt en un seul mot,
tantôt en deux. Ainsi ꦩ (homme, mâle), s'y
trouve, dans un endroit, en un seul mot, et en deux dans
un autre; ainsi encore les deux mots ꦩ (ma-
melles semblables aux fleurs de nymphéa) s'y trouveront
à l'état de monosyllabes et aussi à l'état de mot composé
comme suit : ꦩ (pra: thummathan), qui
lui-même se modifie dans sa première syllabe et devient
par abréviation ꦩ (pathummathan). Toute
monosyllabique qu'elle paraisse à Mgr Pallegoix et à un
autre auteur dont nous parlerons plus loin, la langue
thaie a acquis une telle faculté d'agglutination, qu'elle possède certains mots comme celui-ci : ꦩ
(pattisangkharatham, manière de faire une chose) qui
trouve place comme mot composé et à sens complexe, il
est vrai, mais comme mot unique, dans le *Dictionnaire*
de Mgr Pallegoix (2).

On peut dire que l'orthographe de la langue thaie man-

(1) *Dictionarium linguæ thai sive siamensis, interpretatione latina,
gallica et anglica illustratum, auct. D. J. B. Pallegoix, episc. mal-
lensi, vicario apostolico Siamensi.* Paris, 1854, in fol.

(2) *Dictionnarium*, p. 525.

que en général de précision. Mgr Pallegoix lui consacre
dans sa *Grammaire* (1) un chapitre spécial avec douze
règles principales. Mais ces règles sont loin d'être exactement observées, même par les Siamois, et, quoique la
plupart de ceux qui appartiennent aux classes élevées
passent plusieurs années de leur vie, dans les pagodes,
à lire et à écrire, il s'en trouve peu cependant qui en
sortent sachant bien l'orthographe. Aussi, peu de livres
siamois sont-ils écrits avec quelque correction, sauf ceux
qui l'ont été par les scribes royaux. Au reste, le *Dictionnaire* de Pallegoix, où le même mot est souvent reproduit avec une orthographe différente, peut donner une
idée assez exacte de l'état actuel de celle-ci, et de la difficulté d'en préciser les règles pour tous les mots.

Le classement établi par Max Muller en ce qui concerne
le thai trouve encore sa justification dans l'existence des
préfixes, et le chapitre spécial que leur consacre Mgr
Pallegoix dans sa *Grammaire* semblerait contredire la
propre assertion de celui-ci, que le thai serait une langue monosyllabique, s'il n'ajoutait que la plupart des mots
où se rencontrent les préfixes sont d'origine sanscrite ou
palie. En effet, les principales préfixes qu'on trouve dans
le siamois sont à peu près celles des langues ariennes.

« Au commencement de l'ère de Phra: Khôdom, disent
» les *Annales siamoises*, deux brames, habitants des
» forêts, vinrent fonder la ville de Sângkhalôk, la plus an-
» cienne du royaume. » Mgr Pallegoix conclut de ce fait que
la langue thaie, autrefois nommée, comme elle l'est encore
aujourd'hui, *Sajam phasa* (2), tire son origine des bra-

(1) *Grammatica linguæ thai* auct. D. J. B. Pallegoix, Bangkok, 1850,
in-4.
(2) « C'est-à-dire, langue de la race brune. » *Siam* est une corruption
de *Sajam*, qui veut dire *brun, noir*. Le mot *thai*, nom moderne de la
nation, signifie *libre*.

mes venus de la partie orientale de l'Asie (1). Essentiel-
lement monosyllabique, suivant cet auteur, elle aurait
emprunté presque tous ses mots polysyllabiques aux
langues étrangères. Elle est une des trois langues chantantes connues dans l'univers, les deux autres étant le
chinois et l'annamite. L'ensemble du langage thai se
compose de trois langues distinctes : la langue sacrée, la
langue aristocratique, l'une et l'autre presque entièrement formées de mots sanscrits et palis modifiés suivant
le génie de la langue nationale ; et, en troisième lieu,
cette langue nationale elle-même, où sont entrés un certain nombre de mots empruntés aux idiomes des nations
voisines.

La langue thaie ne compte pas moins de vingt voyelles,
diphthongues ou demi-voyelles, et de quarante consonnes, quoique n'appartenant qu'au groupe touranien,
suivant Max Muller, ou même devant être considérée
comme monosyllabique, suivant Pallegoix. Les lettres se
divisent en six classes, gutturale, palatale, linguale,
dentale, labiale ; la sixième comprend les demi-voyelles,
les sifflantes et les aspirées. Lorsqu'on a récité chaque
consonne en la faisant suivre de chaque voyelle, simple
ou modifiée, brève ou longue, on a récité tout l'alphabet,
qui alors est comme un volumineux dictionnaire comprenant à peu près tous les mots de la langue, divisés
ainsi en huit séries. Mgr Pallegoix en a donné un tableau,
nommé par les Siamois *më nàngsù* (sections de l'alphabet) (2).

S'il est assez difficile de décider d'une manière absolue
entre Pallegoix et Max Muller sur la question du classe-

(1) (Mgr Pallegoix, *Grammatica linguœ thai*).
(2) Mgr Pallegoix, *Description du royaume thai*. Paris, 1856, in-12,
t. 1er.

ment de la langue thaie, soit parmi les langues monosyllabiques, soit parmi les touraniennes, il ne peut y avoir aucune incertitude à la ranger parmi les langues chantantes, c'est-à-dire, à lui reconnaître ce caractère distinctif, aussi bien qu'au chinois et à l'annamite (1).

Elle le possède à ce point que des mots presque identiques diffèrent entièrement de sens suivant les intonations auxquelles les soumet la prononciation. Elle a cinq tons, le *recto tono* ou ton égal, le circonflexe, le bas, le grave et le haut, exprimés par quatre accents, et aussi par les lettres, qui, à cet effet, subissent une nouvelle division, en lettres hautes, basses et moyennes. Aussi, une oreille juste est-elle, suivant Mgr Pallegoix, une condition indispensable pour obtenir l'intelligence exacte de la langue parlée, comme pour arriver à la parler soi-même. La Loubère prétend que ce double but est inaccessible à un étranger, surtout à un Européen. La plus légère nuance dans l'intonation donnée, par exemple, au mot *fai* lui attribuera la signification de *feu* ou bien celle de *coton*, et l'on s'est plu à grouper certains mots, semblables sauf l'accentuation, qui leur donne des sens différents, pour en former des phrases bizarres, celle-ci, entr'autres : « khao bok khao và klài krang kao mi khao, » pen rùb khao mi khao men khao klùn mai khao; » ce qui signifie : « On dit que, près de l'ancienne capi-» tale, il y a une montagne qui a la forme d'une corne

(1) « Dans le Kou-wen, langue antique et sacrée de la Chine, comme dans le
» Kouan-hou, langue officielle à la fois et langue ordinaire, il y a quatre
» tons : 1º Phing ou égal, 2º Chang ou montant, 3º Khiu ou descendant,
» 4º Ji ou rentrant. Il y a jusqu'à huit tons dans certains dialectes chi-
» nois. » P. Jannet, *La langue chinoise*, Rev. moderne, 10 avril 1869. —
Sur les intonations de la langue annamite, comparées à celle de la langue
chinoise, voir *Du système des intonations chinoises*; Journal asiatique,
août-septembre 1869, art. de M. Abel des Michels.

» où se trouve du riz blanc qui a une mauvaise odeur
» au point qu'on ne peut le manger. » (1)

De plus, certains mots s'écrivent absolument de la même
manière, par exemple, เกลียว (kliau), qui sont por-
tés à deux endroits différents, dans le Dictionnaire de
Mgr Pallegoix, le seul qui existe jusqu'à présent, ici
avec la traduction *ficelle*, là avec la traduction *taureau*,
quoique les Siamois lui attribuent, dans l'un et dans
l'autre cas, une telle nuance d'intonation en le prononçant, que leur oreille, musicale et exercée comme
elle est, saisit immédiatement la valeur phonéti-
que et partant l'acception propre qui lui sont présentées.
Mais ce sont-là des exceptions. La similitude des mots
ayant des acceptions différentes est rarement complète.
Outre qu'ils diffèrent le plus souvent par l'orthographe,
tel d'entr'eux appartient au style vulgaire, tel autre au
style élevé. La poésie, la religion auront chacune un
mot pour exprimer le même objet, et il faudra posséder
à fond la langue thaie, y être devenu vraiment *good
master*, pour savoir choisir, par exemple, dans une douzaine
de mots signifiant *tête*, celui qui est spécial à chacun
des styles que comporte cette langue.

Elle n'est point aussi pauvre qu'elle le paraît au premier abord. En effet elle est pourvue d'un grand nombre
de synonymes, qui deviennent une ressource contre les
erreurs que peuvent produire les nuances presque im-
perceptibles, et cependant caractéristiques quant au sens,
présentées par beaucoup de mots.

Dans le thai, surtout dans la partie demeurée monosyllabique, qui est de beaucoup la plus considérable, le
même mot sera tour-à-tour nom, adjectif, verbe et ad-

(1) Mgr Pallegoix, *Description du royaume thai.*

verbe, et se distinguera, sous ces différents aspects, à certains mots auxiliaires dont il sera précédé. Substantif, il pourra s'adjoindre le mot *khuam* (chose) ; adjectif, *chai* (cœur) ou *na* (figure), selon qu'il s'agit, dans ce dernier cas, pour un être animé, d'un attribut moral ou d'un attribut physique ; verbe, il s'associera trois mots auxiliaires qui exprimeront à volonté le présent, le passé, le futur ; et, d'un verbe actif, l'adjonction d'un simple monosyllabe fera un verbe passif.

II.

Près de deux siècles après M. de La Loubère, un autre envoyé de l'un des plus puissants royaumes de l'Europe venait aussi contracter à Siam. Cette fois, on opérait sur des bases moins hypothétiques, avec plus de connaissance des hommes et des choses ; le négociateur était sûr du résultat. De Siam il rapporta plus qu'un traité d'alliance et de commerce. Il y avait trouvé les matériaux d'un travail étendu sur ce pays, à la connaissance duquel l'avait préparé un long et utile séjour dans l'extrême Orient, aidé d'ailleurs qu'il était dans ses études par les relations qui ne font jamais défaut à l'envoyé d'une grande nation, et par l'amitié d'un souverain siamois (1), dont les lumières et le zèle pour le progrès de ses peuples feraient honneur à un souverain de notre continent.

Dans une substantielle publication(2), sir John Bowring,

(1) Soomdet Phra Paramendr Maha Mongkut, père du jeune souverain actuel. Dans *L'Ambassade de Siam au XVIIᵉ siècle*, nous avons publié le *fac-simile* d'une gracieuse lettre de remercîments qu'il nous avait adressée, en anglais, après une première publication sur le Siam. Tout en conservant les formes asiatiques, cette lettre pourrait être signée par l'Européen le plus civilisé, et elle est écrite en un anglais que ne désavouerait pas un gentleman bien élevé.

(2) *The Kingdom and people ef Siam, with a narrative of the mission to that country, in 1855-1857; 2 in-8.*

de qui il s'agit ici, passe en revue, avec la triple autorité
d'un savant économiste, d'un diplomate exercé sur un
théâtre plus élevé, et d'un judicieux observateur, la
géographie, l'histoire, la population, les coutumes, la
législation, les productions, l'industrie et le commerce,
les revenus, la religion du Siam. La langue du pays a
naturellement aussi sa place dans cette revue, semée d'in-
téressants épisodes et terminée par une correspondance
de l'auteur avec le principal roi. On sait que, tradition-
nellement, il y a deux rois à Siam.

Sir John Bowring n'admet pas comme fondée l'opinion
de plusieurs auteurs, que du reste il ne nomme pas, à
savoir, que le siamois soit une espèce de lien (*connecting-
link*) unissant le chinois, le sanscrit, le pali et leurs dérivés, même les dialectes polynésiens. L'introduction dans
cette langue d'un petit nombre de mots émanés de l'ar-
chipel indien peut aisément s'expliquer, selon lui, sans
justifier les inductions générales que ces auteurs en vou-
draient tirer. A ses yeux, le caractère et la construction
du siamois sont d'une nature particulière ; ils se rappor-
teraient, quoiqu'avec des différences sensibles, au type
laotien, auquel la tradition en fait remonter l'origine.
Cette appréciation est loin de ne s'appuyer sur aucun
fondement, comme on en peut juger par les deux assertions suivantes, puisées à des sources également autorisées : « 1º Le langage de l'un et de l'autre peuple,
» siamois et laotien, ne diffère que par quelques expres-
» sions, de sorte que la connaissance de la langue sia-
» moise est très-suffisante pour voyager dans le Laos.
» Quant à l'écriture, les Laotiens prétendent, avec ap-
» parence de raison, que c'est chez eux que furent em-
» pruntés les caractères du siamois proprement dits, leur

» écriture ayant une forme plus ancienne que celle en
» usage à Siam (1)». — « 2º A Stung-Treng (2), le cam-
» bodjien n'est plus parlé que par les lettrés et les com-
» merçants voyageurs; la langue laotienne est d'un usage
» général, et cependant, dès le premier jour, notre in-
» terprète, qui n'avait jamais résidé qu'à Bangkok (3),
» se faisait facilement comprendre. C'est une preuve
» des rapports intimes qui existent entre le siamois et
» le laotien. Cette ressemblance des deux idiomes s'est
» confirmée à chaque station de notre voyage; elle ne
» s'altère sensiblement que sur les confins de la Birmanie.
» Jusques-là, elle est trop générale et trop frappante pour
» qu'il soit permis d'y voir un effet de la conquête (4)».

Pour sir John Bowring, comme pour Mgr Pallegoix, le siamois est une langue monosyllabique, sauf un petit nombre
d'exceptions, presque toutes tirées de mots étrangers.
Pour lui aussi c'est une langue cadencée, où le sens de
beaucoup de mots, dont les formes orthographiques sont
les mêmes, varie suivant les intonations qui leur sont
attribuées, et qui, pour cette raison, prête à des jeux de
mots, à des équivoques de nature à déconcerter toute
autre oreille qu'une oreille siamoise.

Comme il a été dit plus haut, Mgr Pallegoix reconnaît
cinq tons, savoir: le *recto tono* ou ton égal, le circonflexe, le bas, le grave et le haut. D'après lui, si l'on
suppose que la note *sol* représente le *recto tono*, le ton
haut montera au *la*, au *si* et même au *re*, selon qu'on
parlera en prose ou en vers, et le ton bas devra des-

(1) *Moniteur universel* du 7 fév. 1867, article sur les Laotiens, daté
de Bangkok.

(2) A L'entrée du Laos, au nord du Cambodge.

(3) C'était un Européen.

(4) L. M. de Carné, *Exploration du Mékong;* Rev. des Deux-Mondes,
1er mars 1869.

cendre au *fa* et même jusqu'au *re* d'en bas; quant aux
tons grave et circonflexe, les notes musicales serviraient
difficilement, selon le même auteur, à faire comprendre
avec exactitude les intonations qu'ils réclament. Sir John
Bowring a recours également aux notes de la musique
pour établir le rapport respectif des tons de la langue
thaie. Il n'en admet pas moins de six, l'abrupt, le bref,
le long, le haut, le bas et le medium. L'abrupt, ou brus-
que et précipité , correspondrait à un quart de croche,
le bref à une demi-croche, le long à une double note,
le haut à la transition ascendante du *sol* au *si*, le bas à
la descente du *sol* au *re*, en touchant légèrement les
notes intermédiaires. Sir John Bowring ne s'attribue
point le mérite de la comparaison des tons de la langue
thaie avec les notes musicales, l'idée de cette comparaison
se présentant d'ailleurs tout naturellement à l'esprit. Dans
la préface de son livre, il se plaît à reconnaître que Mgr
Pallegoix lui a servi de guide sur ce point comme sur
beaucoup d'autres. Peut-être sur celui dont il s'agit,
eût-il mieux fait de suivre complètement ce guide intel-
ligent; s'il eût fait ainsi, personne n'imaginerait qu'il a
pu, dans cette appréciation, confondre deux choses bien
distinctes en musique, les tons et les durées.

Cependant Mgr Pallegoix n'est point la seule autorité
que sir John Bowring invoque dans la partie de son livre
relative à la langue siamoise. La Loubère et l'un de ses
propres compatriotes, M. Taylor Jones , qui a publié, à
Bangkok même, d'utiles et trop courtes notices sur la grammaire siamoise (1), lui fournissent aussi des arguments
pour établir de combien de difficultés sont hérissées l'étude
de la prononciation et l'intelligence des mots de cette

(1). *Brief grammatical notices of the Siamese language, with an
appendix; Printed at the mission press*; 1842.

langue, le premier déclarant l'impossibilité absolue de donner, au moyen des caractères français, aucune idée exacte de la prononciation siamoise, le second renonçant à toute prétention de représenter les combinaisons des caractères de cette langue, par l'alphabet anglais. Quelques-uns de nos missionnaires actuellement à Siam prétendent, il est vrai, que, malgré ces difficultés, après six mois d'étude attentive, on peut comprendre une conversation ordinaire et se faire comprendre soi-même. Mais telle n'est point l'opinion de l'un des plus éclairés d'entr'eux et des meilleurs juges en cette matière (1). De son côté, M. Taylor Jones a constaté, et nous le croyons sans peine, que des personnes fort avancées dans la connaissance et la pratique de la langue s'exposent elles-mêmes au ridicule et au danger de se rendre inintelligibles en la prononçant, si elles n'observent pas attentivement ces nuances délicates des intonations, qui donnent aux mots leur vrai sens.

Nous avons vu précédemment que, bien que le siamois fût tout-à-fait incompris, et de leur propre aveu, par Eug. Burnouf et Chr. Lassen, cependant la connaissance acquise par eux des caractères alphabétiques de cette langue, qu'ils estiment dérivés immédiatement du pali, leur avait permis de lire un certain nombre de mots palis, transcrits suivant la méthode d'accentuation et de prononciation siamoise, sur un ouvrage siamois, entremêlé de pali, en mêmes caractères que le *Phâtimokkha*, l'un des manuscrits pali-siamois qu'ils purent étudier à la Bibliothèque royale. Nous avons vu aussi que, suivant Leyden, l'alphabet pali dériverait du devanagari. « Le » rapport de l'alphabet pali-birman et siamois avec le

(1) M. l'abbé Larnaudie.

» kavi et le singhalais, disent en outre les auteurs de
» l'*Essai sur le pali*, mène à cette conclusion, qu'un
» ancien alphapet immédiatement dérivé du devanagari
» a dû être porté à Ceylan et à Java, et, delà passant au
» Pégu et à Siam, donner naissance au birman et au
» siamois moderne. » Il faudrait donc remonter au devanagari, à cet « alphabet indien modernisé » dont Prinseps a constaté le rapport étroit avec l'ancien alphabet
phénicien, pour trouver l'origine exacte de l'alphabet thaï.
On constate au moins déjà dans l'alphabeth pali (1) un
des caractères distinctifs de la langue thaie, c'est-à-dire,
les principaux signes destinés à donner aux lettres leur
consonnance ou à les faire reconnaître comme longues ou
brèves, et ce n'est pas une des moindres preuves de la
filiation de l'un des deux alphabets avec l'autre et de la
communauté d'origine des deux langues.

Un spécimen des plus anciens caractères alphabétiques
de la langue siamoise a été porté à la connaissance des
Européens par sir John Bowring, qui l'a inséré dans son
livre sur Siam. C'est une inscription trouvée sur une co-
lonne de la ville de Sukkhoday, alors capitale du royaume,
et datant du XIII⁰ siècle de notre ère. Le roi Somdet Phra
Paramandr Maha Mongkut lui fixe pour date l'année 1206
de J.-C., en se fondant sur l'ère astronomique siamoise,
et l'on peut s'en rapporter à l'appréciation de ce souverain éclairé. Selon lui, c'est vers ce temps que les caractères siamois furent importés du Cambodje à Siam (2)
et qu'ils remplacèrent ceux que les brahmanes avaient

(1) La Loubère, *Relation de Siam* ; Eug. Burnouf et Chr. Lassen,
Essai sur le pali.

(2) Cette opinion, qui fait venir du Cambodje les caractères de l'alphabet siamois, n'est point en désaccord avec celles, énoncées plus haut, qui
les rapportent au type laotien, le Lao, ainsi que le Siam, ayant fait
autrefois partie du grand empire combodjien. Pour M. L. Feer, la prove-

apportés de l'Inde , c'est-à-dire, les caractères sanscrits.
Il est d'ailleurs historique à Siam que le roi Phra Khrom
Kam Huang, monarque distingué du Siam septentrional,
introduisit l'alphabet siamois soixante-six ans avant la
fondation d'Ayuthia, l'ancienne capitale. On reconnaît
que ces premiers caractères ne sont pas autres que ceux
du thai actuel, malgré de notables différences de forme,
qu'on peut apprécier par la comparaison du spécimen de
l'inscription de Sukkhoday avec les caractères de l'alphabet moderne, tels qu'on les trouve dans le *Dictionnaire* et la *Grammaire* de Mgr Pallegoix. Le doute
n'existe plus sur cette identité lorsqu'on voit les mêmes
signes donner leur valeur aux uns et aux autres de ces
caractères. Ainsi , pour ne citer qu'un exemple, le mot
แม่ (mère) présente dans les uns comme dans les autres le signe ่ , qui, doublé, donne à la lettre ม (m)
qu'il précède le son de *mê*.

Le siamois présente une particularité à laquelle on
trouve peut-être quelque chose d'analogue dans un certain nombre des langues qui composent l'immense groupe
touranien, mais non dans nos langues européennes ; c'est

nance cambodjienne des caractères de la langue thaie n'est l'objet
d'aucun doute, comme le constate la note suivante, que nous rencontrons
dans son travail intitulé *Extraits du Paritta :* « Les planches qui ac-
» compagnent l'*Essai sur le pali* (d'Eug. Burnouf), dit-il, offrent plu-
» sieurs spécimens de l'alphabet « pali-siamois, » dont le vrai nom est
» « kambodgien; » car c'est celui que lui donnent les Siamois eux-mêmes;
» ils en réservent l'usage pour leurs livres religieux, employant pour les
» écrits profanes leur alphabet vulgaire. Il y a entre l'écriture des manus-
» crits venant de Siam et celle des manuscrits venant du Kambodge une
» différence sensible, qui permet d'en reconnaître à première vue les
» provenances respectives ; mais cette différence n'affecte pas essen-
» tiellement la forme des lettres, que nous sommes fondés à appeler
» « kambodgiennes. » — « Il n'est pas nécessaire d'avoir beaucoup
» pratiqué ces différentes écritures pour reconnaître que toutes, la
» singhalaise, la birmane, la kambodgienne, la siamoise vulgaire, ne
» sont que des variétés d'une même écriture originelle, dont le type
» kambodgien est peut-être le plus fidèle et le plus ancien représen-
» tant. » (*Journal asiatique,* octobre 1871).

ce que les Siamois nomment les *Numéraux*. Ce sont des mots qui s'ajoutent aux substantifs et servent à diviser en séries les objets que ceux-ci représentent, à les distinguer par leurs formes spéciales, à les grouper suivant ces formes ou d'autres attributs caractéristiques. Il y en a pour les feuilles et leurs similaires, pour les étoffes, pour les objets roulés, pour ceux qui ne le sont pas, pour les dents, les cordages, pour une foule d'autres objets et ceux qui leur ressemblent. Ce n'est pas une des moindres difficultés de la langue que de faire l'application précise des Numéraux. Car, outre qu'ils sont fort nombreux, il faut encore être très-versé dans la connaissance du siamois pour savoir distinguer le numéral qu'exige non seulement le principal objet auquel il s'applique habituellement, mais tous ceux qui le réclament par analogie.

Il est une autre particularité qui ajoute aussi à la difficulté de la langue thaie, et qu'il est indispensable de connaître à fond. Ce sont les *Paires*, ou Couples de mots. Dans toutes les langues on en trouve, il est vrai, mais en moins grand nombre que dans le siamois, où ils sont assez fréquents pour en former un des traits distinctifs. Deux mots ayant exactement la même signification, deux synonymes, pourront et devront même, selon l'usage, être juxtaposés pour exprimer un seul et même objet, sans former pour cela redite ou double emploi, comme il arriverait en pareil cas dans les autres langues. En outre un grand nombre de mots peuvent se doubler, au moyen d'une légère variante dans la terminaison, et leur valeur s'en trouve plus ou moins nuancée. Les Paires, ou couples de mots, se répartissent, suivant leur nature particulière, en cinq groupes différents, savoir : le groupe itératif, l'énumératif, l'intensif, l'imitatif et l'euphonique.

Une langue dépourvue de cas, c'est à dire, des différentes désinences affectées par les substantifs, les adjec-
tifs et les participes, dépourvue également de conjugai-
sons, et où il n'existe qu'une forme pour le verbe, cette
langue est nécessairement fort simple. La langue thaie
l'est en effet. Elle se réduit à un petit nombre de règles
variant peu et faciles à retenir, même celles qui habituellement sont le plus compliquées, à savoir, les règles
qui concernent le verbe, et que l'on connaîtra suffisamment lorsque l'on saura qu'on le trouve ordinairement
le premier mot des propositions où le sujet est sous-en-
tendu, comme de celles où il fait office de sujet, et que,
soit actif, soit passif, neutre ou déponent, il est suivi de
son complément, direct ou indirect.

Dans sa *Grammaire*, Mgr Pallegoix fait monter le nombre des idiotismes de la langue thaie à vingt-deux, dont
plus de la moitié se rapporte aux redondances des mots,
fort abondantes dans cette langue, et que cependant il
n'y juge point inutiles, en ce qu'elles servent à accen-
tuer davantage le sens du mot ou celui de la phrase. Les
autres idiotismes se rapportent la plupart aux noms de
certains objets.

Tous les noms sont loin d'être simples. Beaucoup
d'entr'eux sont des figures, des allégories, des péri-
phrases, rappelant, en plusieurs mots, les uns l'origine, les autres la nature, plusieurs l'attribut essen-
tiel de l'objet qu'ils désignent. Ainsi le lait sera « l'eau
de la mamelle », un fleuve « la mère des eaux », un
fruit « le fils de l'arbre », les matelots « les fils de la
barque ou du navire », les mercenaires « les fils du
salaire », un boulet « le fils du canon », un étau « la

mère de la force », les larmes « l'eau des yeux ». Ces
noms complexes ne sont pas l'apanage exclusif de la
langue des poètes siamois; tout figurés qu'ils sont, ils
font partie du domaine de la langue ordinaire; ils y semblent introduits comme pour en mitiger l'aridité; ce
sont quelques fleurs qu'on aime à rencontrer çà et là
sur une route rocailleuse et en voie de construction définitive.

Celui qui veut étudier la langue siamoise s'accommo-
dera mieux sans doute de quelques expressions poéti-
ques qui en adoucissent la rudesse générale, sans ajouter
beaucoup à sa difficulté, que de l'appareil compliqué d'épi-
thètes, de substantifs bizarres, de qualifications étranges,
dont il faut faire usage dans la conversation, et dont la
politesse excessive et minutieusement formaliste des Siamois fait à tous une nécessité. Si l'on s'adresse au roi,
il ne faut pas manquer de dire et de répéter sans cesse :
« Grand et auguste seigneur — divine miséricorde — je suis
un grain de poussière à vos pieds — vous dominez sur ma
tête. » Si l'on parle de lui, c'est « le maître de la vie, le
chef suprême, le grand et auguste seigneur, etc. » Les
dignités dont il est revêtu doivent être rappelées en temps
et lieu. Il en a soixante-dix, dûment énumérées (1). La
première le constitue « maître des éléphants », une autre « chef des peintres, une autre, dont il est sans doute
au moins aussi jaloux que de la précédente, « préposé
au trésor royal. »

Autant de positions sociales, autant de qualifications différentes. Leur nombre est proportionné à l'im-
portance de celui à qui l'on s'adresse, et chaque rang
dans la société, chaque degré de parenté, chaque sexe

(1) Mgr Pallegoix, *Grammatica, cap.* 18.

et chaque âge , en ont qui leur sont propres. L'enfant
de basse extraction a la sienne : on l'appelle « rat »; l'enfant d'un bourgeois, « monsieur rat », « mademoiselle sou-
ris. » Ces appellations ne sont ni exceptionnelles ni facul-
tatives. On dérogerait à la politesse, à l'usage, à toutes
les exigences du langage, si l'on voulait les éviter. Men-
tionnons aussi une foule de formules plus ou moins ser-
viles dont il faut assaisonner la conversation avec des
personnes d'un rang élevé, comme : « esclave, sous vos
pieds — je reçois vos ordres — cheveu de votre tête. »,
et d'autres de même nature.

Voilà ce qu'il ne faut point ignorer pour posséder la
langue ordinaire et complète. Mais il est deux autres
langues qu'on ne doit point ignorer davantage, si toutefois l'on peut donner ce nom, comme le font les Siamois, à deux groupes, fort restreints , de mots appli-
cables à deux situations différentes. Ce sont le *Saphanam*
et le *Raxasab*. Le Saphanam, mot composé et trop am-
bitieux, dont la traduction est « tous les noms » , présente un ensemble d'expressions en usage dans le langage
élevé, et dont l'intelligence et l'orthographe exigent une
étude spéciale. Le *Chindamani* , livre composé sous le
roi Phra-Narai, et où se trouvent comprises toutes les
règles de la grammaire et de la prosodie siamoises, renferme le catalogue de ces expressions, que Mgr Pallegoix
a reproduites dans sa *Grammaire*, en y ajoutant une traduction latine. Le *Raxasab*, ou Langue royale, qui n'est
pas plus une langue, dans l'acception complète de ce
mot, que le *Saphanam*, se compose d'un certain nombre
de locutions spéciales, empruntées aux dialectes sanscrit,
pali, cambodjien, malais et javanais. C'est la langue du
palais. Et quoi d'étonnant que l'homme qui habite ce

palais, plutôt dieu que roi aux yeux de ses sujets, exige autour de lui un langage spécial, quoique déjà il en existe un supérieur à celui du peuple?

III.

La littérature et les sciences.

A Siam, aussi bien que dans les autres pays où l'on en rencontre une quelconque, la littérature peut être regardée comme l'expression de la société, selon la définition de M. de Bonald, qui, pour n'être point toute nouvelle, n'a perdu rien de sa valeur. La littérature de la nation thaie présente en effet un nombre assez considérable de productions se rattachant aux principales manifestations de la pensée humaine, pour que, d'après elles, on puisse assigner à cette nation la place qui lui revient dans la civilisation asiatique, particulièrement et sans aller au-delà, dans celle de l'Indo-Chine. Quoique la plus jeune des nations de cette partie de l'Asie, elle y occupe aujourd'hui la première place, grâce à l'heureuse situation de son territoire, à son génie particulier, où domine plus que chez ses voisines l'élément mongol, grâce aussi à l'habileté de ses souverains, dont aucun ne subit dans l'histoire le triste renom de persécuteur des lettres, et dont plusieurs au contraire se sont fait gloire de les cultiver, surtout celui que le royaume a perdu récemment (1). Il en résulte que non seulement elle a conservé les productions intellectuelles qu'elle avait tirées du dehors, et les siennes propres, mais qu'elle a pu rayonner à son tour sur les nations voisines, et, répondant dignement à l'appel qui lui était fait, leur rendre intact, et peut-être

(1) Somdèt Phra Paramendr Maha Mongkut.

amélioré, le dépôt qu'elle en avait reçu. Ainsi, à Ceylan, les incursions des Malabares ayant causé la perte d'œuvres littéraires précieuses, comme le constatent les justes lamentations que renferment le *Rajavali* et le *Mahawamso*, il fallut, pour la réparer, s'adresser à Siam. Plus récemment, au XVIe siècle de notre ère, les Singhalais durent recourir au même moyen, les Tamouls, envahisseurs de l'île, ayant brûlé tous les livres bouddhiques dont ils avaient pu s'emparer (1).

C'était de la part du Siam une dette de reconnaissance. N'avait-il point reçu de Ceylan le trésor des livres de la foi religieuse commune aux deux pays, et, avec ces livres, quelque grand que fût leur nombre, d'autres livres encore, qui, pour n'être point religieux, n'en étaient pas moins utiles? Car Ceylan était le foyer de la science aussi bien que de la foi, et tout ce qui en émanait semblait porter une empreinte vénérable et sacrée. Des différences assez notables de doctrine religieuse existent, il est vrai, entre la secte d'Amapoura, qui domine à Ceylan, et la secte siamoise proprement dite ; mais elles n'ont jamais produit de dissentiments profonds entre deux populations unies par le fond de la doctrine et par le lien d'une langue commune pour la religion et la science, le pali, qui, suivant Leyden, est à peu près le même à Ceylan et à Siam, ou qui, si l'on tient pour ce qu'elle vaut l'opinion d'un indigène aussi autorisé que Buchanan (2), ne diffère pas beaucoup dans l'un et dans l'autre pays. On sait que cet idiome est avec le sanscrit dans les mêmes rapports que l'italien avec le latin, qu'il sert de langue sacrée à la fois et de langue scientifique et littéraire à plu-

(1) Emerson Tennent, *History of Ceylon ;* t. 1, p. 406.
(2) *Asiat. researches,* t. 6, p. 305.

sieurs nations dont les langues usuelles présentent entr'elles de notables différences, et « qu'il ramène sous
» une sorte d'unité des peuples de civilisations aussi di-
» verses que le montagnard lourd et grossier de l'Ara-
» kan et l'habitant plus policé de Siam » (1).

C'est donc de cette île sainte de Langka (2), la Rome
des bouddhistes, que Siam reçut jadis et la loi du Bouddha et la langue où celle-ci devait être étudiée, et les
livres qui la renferment. Ceux de Ceylan ont été énumérés
par G. Turnour, Spence Hardy, et, plus récemment, par
notre zélé compatriote, M. Grimblot, consul de France à
Ceylan, dont cette énumération, bien que très-précieuse,
est loin, comme on sait, de constituer le principal titre
à la reconnaissance des orientalistes. Ces trois savants,
par suite d'une longue résidence dans les deux pays,
et d'une grande connaissance du pali, ont pu se procu-
rer et nous fournir les listes exactes des ouvrages sacrés,
quelque volumineux qu'ils soient (3). Mgr Pallegoix en
compte pour les Siamois, comme pour les autres bouddhistes, quatre cent deux, ne formant pas moins de trois
mille six cent quatre-vingt-trois volumes. Spence Hardy
en énumère quatre cent soixante-cinq pour l'île de Ceylan.
Les Siamois, cependant, ont quelque chose à envier, sous
ce rapport, à leurs coreligionnaires du Tibet, dont les
canons sacrés, compris dans deux recueils nommés *Kanjur* et *Tanjur*, ont exigé, pour leurs différentes éditions,
imprimées à Pékin, Lhassa et autres localités, environ
trois cent vingt-cinq volumes in-folio, pesant chacun de

(1) Eug. Burnouf et Chr. Lassen, *Essai sur le pâli.*
(2) Ceylan.
(3) G. Turnour, *Mahawamso ;* Spence Hardy, *Eastern monachism ;*
Mgr Pallegoix, *Grammatica linguæ thai ; Journal des Savants,* janv.
et fév. 1866, sur la collection Grimblot, en écritures singhalaise et birmane.

quatre à cinq livres anglaises (1). Mais les Tibétains se-
raient singulièrement distancés par les Thaïs s'il exis-
tait encore aujourd'hui chez ceux-ci tout ou partie de
ces quatre-vingt-quatre mille traités sur les livres sacrés,
dont une tradition nationale rapporte qu'un de leurs souverains, du nom de Narai, fit faire des copies complètes
au XVIe siècle de notre ère (2). En réduisant à sa juste
valeur un chiffre aussi évidemment exagéré, en ne l'admettant que comme une preuve de fécondité littéraire
chez les Siamois, et en se bornant à celui que fournit
Mgr Pallegoix, on voit que cette nation possède un large
contingent de livres afférents à sa foi religieuse, et que,
sous ce rapport, elle est loin de se révéler à nous comme
inférieure aux autres nations bouddhistes (3).

La collection des livres sacrés se nomme à Siam : *Les
trois véhicules* et se divise en trois séries : les règles,
Phra Vinaya, les sermons et récits, *Phra Sutra*, et la philosophie, *Phra Baramat*. Elle renferme, comme à Ceylan,
comme au Tibet et ailleurs, l'ensemble de la doctrine bouddhique, sinon dans sa pureté primitive, bien qu'elle n'y
soit guère moins ancienne et qu'elle ait eu à subir une
foule de commentaires plus propres à la dénaturer qu'à
l'éclaircir, du moins sans autant d'écart que dans d'autres

(1) *Edinburg review,* April, 1862.

L'édition du *Kanjur* imprimée à Pékin par ordre de l'empereur Khian-
Lung, et comprenant mille quatre-vingt-trois ouvrages distincts, s'est
vendue 15,000 fr. Un exemplaire du même recueil a été troqué pour sept
mille bœufs par les Buriates, peuplade de Sibérie, qui paya 1200 roubles
d'argent un exemplaire complet du Kanjur et du Tanjur.

(2) Sir J. Bowring.

(3) Il convient de mentionner comme émanant directement du Siam un
petit traité sur les *Chemins du Nirvana*, composé d'abord en siamois et
traduit ensuite en birman. Mgr Bigandet, évêque de Kamatha, le savant
et judicieux auteur de *The life and legend of Gaudama,* en loue la composition. De plus, il a jugé à propos de le traduire en anglais et de le
donner en appendice dans sa publication. Voir le *Journal des Savants,*
octobre 1869.

contrées où elle est aussi professée, surtout au Cambodje.
« Rien n'est plus odieusement contraire aux règles pri-
» mitives de chasteté du bouddhisme indien, dit Biot,
» que les infames pratiques des prêtres bouddhistes du
» Cambodge, telle que les vit, à la fin du XIIIe siècle,
» un voyageur chinois dont Abel Remusat n'a osé ren-
» dre les expressions que par une traduction latine, dans
» un mémoire destiné aux seuls érudits (1). » Les enseignements de ces prêtres du XIIIe siècle ont porté des
fruits durables au Cambodje, ainsi que l'ont constaté nos
récents explorateurs du fleuve Mékong, et, tout en te-
nant compte de l'assertion de M. Aubaret, ancien consul
de France à Siam, que le bouddhisme pratiqué au Cambodje, au Lao et à Siam serait exactement le même qu'à
Ceylan, d'où il a été importé dans ces contrées, nous ne
trouvons aucun récit spécial établissant à la charge de
Ceylan ni de Siam des pratiques de la nature de celles
qui existaient jadis au Cambodje, et qui ne paraissent pas
tombées tout-à-fait en désuétude aujourd'hui.

Il s'est écoulé plus de vingt siècles depuis la naissance
du bouddhisme. Trois ou quatre conciles ont travaillé à
établir son orthodoxie et la pureté de ses pratiques. Mais
cette élaboration s'est effectuée loin de la nation siamoise.
Aussi faut-il compter parmi les principaux mérites de
celle-ci de s'être montrée comparativement aussi fidèle,
non seulement aux prescriptions essentielles de la doctrine, mais encore à d'autres d'un ordre secondaire, qui
ne sont cependant pas moins caractéristiques. Ne point
tuer, ne point commettre le vol, l'adultère, le mensonge,
éviter l'ivrognerie, l'hypocrisie, l'orgueil, la facilité au

(1) *Journal des Savants*, mai 1845 ; article sur *l'Introduction à l'histoire du bouddhisme* d'Eug Burnouf.

soupçon, l'intempérance, la colère, la cruauté envers
les animaux, respecter ses parents, avoir soin de ses enfants, être soumis à l'autorité, sont des commandements
principaux que les Siamois trouvent dans leurs livres sacrés,
et dont l'observance est devenue pour eux la pratique de
tous les jours. Ils y trouvent aussi d'autres préceptes qu'ils
suivent, sans qu'il paraisse leur en coûter davantage, comme
ceux qui ordonnent la reconnaissance, la modération en
temps de prospérité, la résignation dans les épreuves de
la vie, l'égalité d'âme en tout temps. Là ils apprennent
encore l'oubli des injures et l'obligation de ne point rendre le mal pour le mal, le devoir d'aimer ses semblables,
celui de les aider, en cultivant avec soin les sentiments
renfermés dans le mot เมตตา (maîtri), qui, selon Eug.
Burnouf, doit se traduire par *charité et amour*, et que
possède la langue thaie aussi bien que les autres langues
bouddhiques. Ce mot n'a pas été puisé dans nos idiomes
chrétiens, non plus que les dispositions affectives qu'il
sert à représenter, et dont la pratique est aussi ancienne
que le bouddhisme lui-même. Le dogme de la charité,
de l'amour pour les êtres vivants, sans distinction, a reçu,
au moins dans le bouddhisme siamois, une extension qui
de plus en plus fera regretter une lacune dans le dogme
chrétien correspondant. Non seulement la vie de son
semblable est chose sacrée pour le Siamois, à tel point
que, dans une capitale de cinq cent mille âmes (1), il
se passe quelquefois une année tout entière sans un seul
meurtre commis ; non seulement la philantropie, dans la
plus simple et la plus vraie acception du mot, vertu
conforme au caractère national, est pratiquée avec
une spontanéité et dans une mesure qui pourraient

(1) Bangkok, aujourd'hui capitale du royaume.

servir d'exemple à beaucoup de peuples européens;
mais l'humanité doit s'exercer encore, et s'exerce ef-
fectivement, envers les autres êtres animés, puisque
l'homme en est le roi, puisqu'il tient leur vie entre ses
mains. La loi du Bouddha règle ses rapports avec
eux, et le fragment suivant de prédication morale, extrait
du *Phra Baramat,* n'est pas une des pages les moins
intéressantes des livres écrits sous l'inspiration bouddhique; ce n'est pas le précepte le moins obéi dans le
Siam : « La question du meurtre des animaux se pré-
» sente de cinq manières. La première, quand il s'agit
» des animaux doués de vie et de sens. La seconde,
» quand celui qui tue sait certainement que c'est un ani-
» mal. La troisième, s'il a l'intention de tuer. La qua-
» trième, s'il tue avec quelque peine. La cinquième,
» s'il prend pour soi l'animal tué avec quelque peine.
» Celui qui tue un animal de ces cinq manières réunies
» ensemble est dit avoir véritablement tué et avoir violé le
» précepte. Si l'animal est gros, le péché est plus grand;
» si l'animal est petit, la faute est plus légère. Quoique
» l'animal soit petit, s'il est utile, la faute devient plus
» grave. En outre, si l'animal est petit, et si la peine pour
» le tuer est grande et l'intention de le tuer bien ferme
» et arrêtée, la faute est grande. Celui qui tue tombera
» après sa mort dans l'enfer *Sanxiph,* où il sera tour-
» menté pendant cinq mille ans. Lorsqu'il sera sorti de
» l'enfer et qu'il aura repris naissance parmi les hommes,
» il naîtra difforme et privé de quelque membre; sa vie
» sera courte; il y aura quelqu'un qui le tuera de la même
» manière qu'il aura tué lui-même l'animal, pendant
» cinq cents générations, par l'effet du péché que l'on

» commet en tuant les animaux. Que celui qui sait cela
» s'abstienne de ce grand péché. »

Moins nombreuses que les livres bouddhiques, mais
portant davantage l'empreinte du génie national, sont
les productions intellectuelles spécialement émanées de
la nation thaie. L'intelligence et l'imagination siamoises
se sont exercées, avec un succès relatif, sur les mêmes
matières à peu près, que celles qui ont occupé l'intelligence et l'imagination des nations les plus civilisées. Plus
de deux cent cinquante ouvrages ont rapport à la législation, à la philosophie, aux sciences et à l'histoire. Les
différents codes de lois comprennent trente-huit volumes;
les lois et coutumes du palais, du palais des rois, bien
entendu, cinq; la philosophie quatre-vingt; l'astronomie
et l'astrologie vingt-cinq; la médecine cinquante; les annales des royaumes du nord, trois; celles des rois Sajam
ou du Siam proprement dit, quarante; celles de la Chine,
douze; celles du Pégu, neuf. Ce sont là les œuvres les plus
importantes, l'épave la plus précieuse sauvée de la ruine
de l'ancienne capitale Ayuthia, où périrent sans doute,
avec une foule d'autres productions, s'ils ont jamais existé
aussi nombreux, ces quatre-vingt-quatre mille traités sur
les livres sacrés, dont le roi Phra Narai, suivant la tradition, avait fait exécuter des copies, au XVIᵉ siècle de
notre ère.

Les lois ou, pour mieux dire, les décrets royaux, n'ont
point été soumis, on le croira sans peine, à une codifi-
cation régulière, et ce serait s'exposer à un mécompte
certain que de chercher, dans les quelques quarante
volumes qui forment le fonds de la jurisprudence siamoise, les procédés habituels de nos jurisconsultes. Toutefois cet ensemble constitue, à proprement parler, le

code des lois du pays. Le roi est obligé d'en avoir toujours un exemplaire dans son appartement et de s'en faire lire chaque jour quelques pages; la même obligation incombe aux juges principaux et aux gouverneurs de provinces. Ce code, si l'on peut lui donner ce nom, est divisé en trois parties, dont la première comprend les noms, les attributions et les prérogatives de chaque office, la deuxième les anciennes constitutions du pays, et la troisième la législation intervenue depuis le règne de Phra-Narai, laquelle se répartit elle-même en sept sections distinctes. La première traite des brigands, des voleurs; la deuxième des esclaves; la troisième est le code conjugal; la quatrième se rapporte aux contrats et aux dettes; la cinquième aux disputes et aux procès; la sixième aux héritages, et la dernière à diverses matières. L'ordre ne fait pas complètement défaut, comme on le voit, dans les livres du droit siamois, et sir John Bowring, qui demandait un jour à un mandarin éclairé, peut-être pour l'embarrasser, combien il devrait lire de volumes pour avoir une connaissance suffisante de la législation siamoise, avoue l'embarras où il se fût trouvé lui-même si pareille question lui eût été faite concernant la législation anglaise. Dans sa partie ancienne, la législation de Siam s'inspire surtout du code de Manou, d'après le témoignage de Mgr Pallegoix, qui la loue comme ne s'écartant point de la loi naturelle, et comme étant en un juste rapport avec l'esprit et les mœurs de la nation qu'elle a eue à régir.

Les livres philosophiques, au nombre d'environ quatre-vingt, ne sont pas autre chose que ceux qui, sous le nom de *Phra Baramat,* forment la troisième partie des livres sacrés. Il faut donc les retrancher du contingent des ouvrages non théologiques. Les abstractions philosophiques, les matières spéculatives, la métaphysique, n'entrent pour rien dans ces compositions. C'est de la morale religieuse, de la philosophie pratique, conforme à la loi du Bouddha et déduite de ses enseignements ou de ses exemples ; c'est un fonds où puisent sans cesse les bonzes pour leurs prédications dans les pagodes. Mais, quoique ces livres se rattachent si étroitement à l'ensemble des livres bouddhiques, qu'on ne les en peut guère séparer, ils n'en forment pas moins comme une transition entre ces ouvrages et ceux de nature profane, et c'est sans doute pour cette raison que Mgr Pallegoix les a classés à la fois dans l'une et dans l'autre catégorie (1).

Les autres ouvrages scientifiques ont une spécialité plus tranchée, au moins ceux qui se rapportent à la médecine. Ces derniers sont au nombre de cinquante. Sans qu'il soit possible d'établir d'autre rapprochement, on reconnaît que plusieurs ont reçu de leurs auteurs des titres semblables à ceux que portent chez nous des ouvrages traitant des mêmes matières. Voici les titres de quelques-uns : *Des différentes causes des maladies ; Des maladies mortelles; Des maladies des enfants; Des fièvres et de leurs remèdes ; Des fièvres aiguës ; Vertus des substances médicinales*. Mais il en est d'autres auxquels on trouverait peut-être difficilement des analogues dans notre Europe médicale d'aujourd'hui, celui-ci, par exemple : *De la nature du vent morbifique*. Car, dans l'opinion des Siamois, le vent joue un grand rôle comme auteur présumé d'une foule de maladies. Leurs meilleurs livres de

(1) Le **Phra Baramat** est classé le 12ᵉ dans le catalogue des principaux livres de la langue thaïc, dressé par Mgr Pallegoix dans sa **Grammatica linguœ thai.**

médecine sont traduits du pali. N'ayant rien inventé en cette matière, ce peuple est régi en partie par le système chinois, en partie par le système indien, et se trouve livré, aussi bien par l'un que par l'autre, à des praticiens dont la cupidité égale l'ignorance. Non que, parmi les médecins, comme parmi les chirurgiens, (car ces deux spécialités existent fort distinctes à Siam), il ne s'en rencontre qui possèdent quelques saines notions sur les ressources de leur art, et, à en juger par les éléments qui composent quelques médicaments, une certaine habileté dans son application. Mais les recettes les plus bizarres ne se débitent pas moins en foule, autorisées par des livres accrédités, et recommandées par l'élite du corps médical, dont le chef est un grand mandarin, logé dans le palais même du principal roi. Aussi, ce ne fut pas sans appréhension de déplaire à l'un de ces hauts fonctionnaires, que le roi Phra Mongkut confia aux soins d'un homœopathe anglais une jeune épouse tendrement aimée, qu'il s'efforçait de soustraire à la mort, et de la maladie de laquelle il composa, en anglais, un récit, non moins intéressant par l'expression d'une douleur vivement sentie que par le détail de la médication complexe à laquelle fut soumise la patiente, morte enceinte avant sa quatorzième année, après avoir été investie du titre de reine par son royal époux (1).

Aujourd'hui qu'on connaît en grande partie l'œuvre littéraire asiatique, et que, sommairement au moins, on a pu l'apprécier dans ses diverses manifestations; aujourd'hui qu'on a constaté jusqu'où a pu s'élever le génie humain dans cette partie de notre globe, il demeure à

(1) « *Lawfull queen consort.* » Ce récit, reproduit à peu près *in extenso,* dans sir John Bowring, *The Kingdom and people of Siam,* t. II., forme l'un des appendices de cette dernière publication.

peu près constant que, si quelque comparaison lointaine
peut s'établir entre certaines épopées et les grandes
compositions homériques, sans faire trop d'injure à celles-
ci, il n'en peut être établi aucune entre les productions
historiques de l'Asie et celles de l'Europe, et l'on peut
affirmer que, s'il y a eu en Asie quelque Homère bien
imparfait, il ne s'y est révélé aucun Hérodote, aucun
Thucydide. Dans ces incommensurables épopées, plus ou
moins informes, où tout vient se mêler, la cosmogonie,
la philosophie, la poésie, l'histoire, on peut prendre une
idée assez exacte déjà de la valeur de celle-ci dans les
compositions qui lui sont spéciales, et la lecture de ces
dernières démontre surabondamment que le don
d'écrire l'histoire ne peut être compté, du moins jusqu'à présent, parmi les aptitudes du génie asiatique.
Les productions historiques siamoises ne font nulle ex-
ception à ce fait général. La géographie et la chronologie,
ces deux yeux de l'histoire, comme on les a définies , y
font complétement défaut. Aujourd'hui les princes et les
mandarins seuls possèdent des atlas ou des cartes géo-
graphiques, provenant de l'Europe; la géographie, même
celle du pays, est chose inconnue au gros de la nation.
Quant à la chronologie, on la trouve aussi confuse dans
les histoires nationales de Siam qu'elle l'est dans celles
des autres contrées de l'Asie. Regrettant de telles défec-
tuosités et jaloux d'éclaircir, sommairement et dans de
certaines limites, pour ses compatriotes et pour les Européens, les obscurités de l'histoire de Siam, le roi intelli-
gent que ce pays a perdu il y a peu d'années, a composé
deux précis historiques (1), l'un sur les principaux évène-
ments de l'histoire du pays depuis la fondation, au milieu du

(1) Sir Bowring les a insérés dans *The Kingdom and people of Siam.*

XIV° siècle de notre ère, de l'ancienne capitale Ayuthia,
l'autre sur la dynastie qui règne aujourd'hui et dont on
peut le considérer jusqu'à présent comme le prince le
plus remarquable. Du reste le goût littéraire n'est pas un
mérite complètement étranger aux anciens rois du Siam.
Sans parler de celui qui ordonna, comme nous l'avons
dit, d'établir des copies d'un nombre infini de traités sur
les livres sacrés, le souverain, qui régnait à Siam lorsque
s'y trouvait La Loubère, était fort instruit sur l'histoire
et la politique des nations européennes, et assez ami des
lettres pour avoir fait traduire Quinte-Curce en siamois.

Il y a aussi, dans ce royaume, une littérature drama-
tique, sous la double forme de comédies et de tragédies.
Hâtons-nous de dire que l'invention et la composition de
ces œuvres ne semblent pas avoir coûté de grands efforts
à leurs auteurs, et qu'elles sont loin de renfermer autant
d'attrait pour les Européens que pour les nationaux. Les
princes à Siam, et ils y sont fort nombreux, se font honneur d'entretenir à leurs frais des troupes de comédiens,
dont ils se montrent fiers autant que de leurs concubines;
aussi un tel entretien contribue-t-il souvent à les ruiner.
Les poèmes épiques, les proverbes, les chansons, les romans, les apologues, sont également représentés dans la
littérature siamoise. Les romans, par leur dimension,
rappellent ceux de La Calprenède ou ceux de Mlle de
Scudéry, et la versification, car ils sont presque tous
en vers, n'y est point un obstacle, la nature faisant du
Siamois aussi facilement et aussi souvent un poète qu'un
musicien; chacun trouve comme inné en lui le don du
rhythme, qui, sous l'influence d'une civilisation plus
avancée, aboutira peut-être, en poésie comme en musique, à des productions de quelque valeur. Parmi les

chansons, on en trouve qui célèbrent les héros des âges anciens, d'autres qui sont amoureuses, toutes accompagnées de ritournelles exemptes de monotonie pour les auditeurs siamois, malgré leurs fréquentes répétitions. Entre les proverbes, nous remarquons ceux-ci : « Ne » mettez pas votre barque en travers du courant. — Si un » chien vous mord, ne mordez pas le chien. — La no-» blesse dénote l'origine, les mœurs dénotent la personne. »

Beaucoup d'œuvres ont péri avec Ayuthia, l'ancienne capitale ; leurs noms seuls se sont conservés dans la mémoire des anciens du pays. Deux mille volumes environ ont survécu. C'en est autant qu'il faut pour permettre d'apprécier les goûts et l'activité littéraires d'un peuple qui, s'il n'a jamais été à la tête du mouvement intellectuel de l'Asie, s'y est fait une place distinguée. Ses rois ont toujours encouragé les lettres ; quelques-uns les ont cultivées eux-mêmes. Un établissement typographique, créé par le gouvernement siamois, fonctionne sans relâche à Bangkok depuis 1835, et remplace peu à peu la reproduction manuscrite, plus ou moins lentement obtenue et souvent défectueuse. Deux autres imprimeries, quoique particulières et de spécialité surtout religieuse, ne servent pas seulement de véhicule à la propagande des deux missions, catholique et anglicane ; elles ont encore d'autres résultats. N'eût-elle produit que l'excellente *Grammaire* de Pallegoix, qui renferme en même temps un précieux abrégé de l'histoire civile et religieuse du Siam, l'imprimerie de la mission catholique se serait déjà suffisamment recommandée. Son émule en propagande religieuse cherche à l'être aussi en productions d'un ordre différent ; sa publication périodique du *Bangkok Calendar* ne contribue pas peu à faire connaître les

ressources, les établissements, les relations d'un pays accessible aujourd'hui plus que jamais à la civilisation européenne, un peuple enfin dont la langue ne se parle pas
seulement sur les rives du Meinam, mais aussi, sans beaucoup de différence, sur celles du Mékong, et « dont la
vigoureuse empreinte », suivant la judicieuse remarque de
l'un des regrettables explorateurs des pays que « baigne
» ce dernier fleuve (1), est en voie de s'appesantir, à l'insu
» de l'Europe, sur presque toute l'Indo-Chine. » —
» Des luttes acharnées, dont Siam est sorti complètement
» victorieux, dit de son côté l'un des chefs, trop tôt mois-
» sonné lui aussi, de cette importante exploration (2), des
» relations de plus en plus recherchées et suivies avec
» les Européens, ont fondé d'une manière définitive la
» puissance de cette monarchie, et elle est incontesta-
» blement aujourd'hui la plus riche et la plus influente
» de toute l'Indo-Chine. »

(1) L. de Carné, *Exploration du Mékong*, Rev. des deux mondes.
15 février 1869.

(2) Fr. Garnier, *Voyage d'exploration en Indo-Chine.*

Typographie de F.-V. BITSCH, grande rue de Vaux, 23.

DE M. ÉTIENNE-GALLOIS :

L'AMBASSADE DE SIAM

AU XVIIᶜ SIÈCLE

1 In-18

VITRY, IMPRIMERIE DE F.-V. BITSCH.